BEI GRIN MACHT SICH IHR WISSEN BEZAHLT

AF173525

- Wir veröffentlichen Ihre Hausarbeit, Bachelor- und Masterarbeit

- Ihr eigenes eBook und Buch - weltweit in allen wichtigen Shops

- Verdienen Sie an jedem Verkauf

Jetzt bei www.GRIN.com hochladen und kostenlos publizieren

Marlene Mertsch

Kunstwerke: Entstellung und Satire, was ist erlaubt?

Gesetzliche Grundlagen, Richtlinien und Geltungsbereiche

GRIN Verlag

Bibliografische Information der Deutschen Nationalbibliothek:

Die Deutsche Bibliothek verzeichnet diese Publikation in der Deutschen National-
bibliografie; detaillierte bibliografische Daten sind im Internet über http://dnb.d-
nb.de/ abrufbar.

Impressum:

Copyright © 2013 GRIN Verlag GmbH
Druck und Bindung: Books on Demand GmbH, Norderstedt Germany
ISBN: 978-3-656-58302-8

Dieses Buch bei GRIN:

http://www.grin.com/de/e-book/267481/kunstwerke-entstellung-und-satire-was-
ist-erlaubt

Kunstwerke- Entstellung und Satire

Vertiefungsseminar Medienrecht

Referatsverschriftlichung

Wintersemester 2012/13
Medienwissenschaften
TU Braunschweig

Marlene Mertsch

Hochschule für bildende Künste /TU Braunschweig

Inhaltsverzeichnis

Kunstwerke- Entstellung und Satire, was ist erlaubt?

1.Einleitung

„Kunst und Wissenschaft, Forschung und Lehr, sind frei."[1]

So steht es im Grundgesetzt, Artikel fünf, Absatz drei.

Dieser Satz ist sowohl gut verständlich als auch einleuchtend. Wären diese vier Dinge in irgendeiner Art und Weise eingeschränkt müsste man sich ernsthafte Gedanken über die deutsche Demokratie machen und um die Meinungs- und Gedankenfreiheit. Die Kunst zu machen, die man machen möchte und an dem zu Forschen was einen interessiert ist ein großes Privileg, dass durch dieses Grundgesetz gegeben ist und welches ich auf den nächsten Seiten der Referatsverschriftlichung genauer betrachten möchte. Zunächst werde ich auf die grundlegenden Gesetze, Richtlinien, Schutzbereiche und Geltungsbereiche eingehen, die sich mit Kunst, Kunstwerken, Künstlern und Urhebern auseinandersetzen. Welche rechtlichen Strafen gelten, wenn man gegen eines dieser Dinge verstößt? Besonders wichtig hierbei ist die Stellung des Urhebers. Weitergehend interessieren mich der Bereich der Satire und die Entstellung von Kunstwerken. Wie weit darf ein Satireobjekt gehen und welche Rolle spielt hierbei sowohl der Urheber als auch zum Beispiel das öffentliche Interesse? Dazu habe ich ein Fallbeispiel erarbeitet, welches sich mit dem Bundesadler- auch Gies-Adler im weiteren Verlauf genannt- beschäftigt. Welche Ausnahmen bietet die Satire besonders im Hinblick auf das Interesse der Öffentlichkeit? Werden Unterscheidungen gemacht, ob es sich um ein Problem des privaten oder des öffentlichen Interesse handelt? Im Fazit werde ich versuchen, die herausgearbeitete Problemstellung der Satire weiter zu hinterfragen und möglicherweise Lösungsansätze vorzustellen. In welchen Medienbereichen kommt Satire vor und gibt es einen Unterschied zwischen heutiger Satire und zurückliegender? Zum Abschluss möchte ich versuchen meine Diskussionsfrage ein Stück weit selbst zu beantworten.

---

[1] Grundgesetz Artikel 5, Absatz 3

3

2.Rechtliche Grundlage

2.1 Das Grundgesetz

Grundsätzlich ist zu überlegen: Welche Gesetzte und Richtlinien des deutschen Rechtssystems binden in irgendeiner Form Kunstwerke, Künstler und auch Urheber ein? Wichtig erscheinen hierbei das Grundgesetzt, welches im vorrangegangenen Verlauf schon zitiert wurde und das Urheberrecht. Das Grundgesetzt bietet Allen in Artikel fünf, Absatz drei, die an der Darbietung und Verbreitung von Kunstwerken beteiligt sind, ein individuelles Freiheitsrecht und schützt vor Eingriffen der öffentlichen Gewalt. Jeder der Kunst macht oder an der Veröffentlichung beteiligt ist, wird vor öffentlicher Gewalt geschützt. Der Verantwortliche kann nicht für sein Handeln belangt werden, da er unter dem Schutz der Kunstfreiheit steht. Doch wie wird Kunst im Grundgesetz festgelegt und definiert? Was ist Kunst im Definitionsbereich des Grundgesetzes? Das Grundgesetzt unterscheidet Kunst und Nicht-Kunst. Gebrauchsgegenstände wie eine Kaffeemaschine oder ein Stift sind keine Kunst. [2] Eine Unterscheidung zwischen qualitativ hochwertiger oder minderer Kunst, also eine Unterscheidung zwischen guter und schlechter Kunst findet nicht statt. Zusammengefasst wird jeder durch die Kunstfreiheit geschützt, der ein eigenständiges Werk, das kein Alltagsgegenstand ist, hergestellt hat. Durch den Schutzbereich der Kunstfreiheit insbesondere durch den sachlichen Geltungsbereich wird das noch einmal deutlicher. Die Kunstfreiheitsgarantie umfasst sowohl den Werkbereich als auch den Wirkungsbereich der künstlerischen Arbeit. Das unmittelbare Schaffen des Werkes so wie Materialbeschaffung und Übung wird vertreten durch den Werk Bereich. Die Verbreitung und Darbietung des Kunstwerkes wird gedeckt durch den Wirkbereich. Dabei spielt es keine Rolle um welche Art von Kunstwerk es sich handelt, vom klassischen Gemälde über Performance bis hin zur medialen Computer Kunst.

---

[2] Hinweis auf „Objet trouvé" auch Ready-mades genannt: Ein Ready-made ist ein Kunstwerk das vollständig oder zum Teil aus Alltagsgegenständen und Müll besteht. Der Unterschied zur Nicht-Kunst ist hierbei der, dass es dem Künstler natürlich bewusst ist, dass er ganz gezielt Alltagsgegenstände als Kunst vermarktet. (Siehe Dadaismus, Marcel Duchamp)

Während zum Beispiel die Meinungs- und Pressefreiheit durch, das Gesetzt zum Schutz der Jungend eingeschränkt wird, unterliegt die Kunstfreiheit keinem Vorbehalt. Die Kunstfreiheit kann jedoch nicht schrankenlos sein und muss natürlich auch in Gerichtsentscheidungen mit anderen Gesetzen abzuwägen sein. Vorrangig sind zum Beispiel die Würde des Menschen, und das Persönlichkeitsrecht wenn, zum Beispiel, technisch manipulierte Fotos eine Rolle spielen oder Romanfiguren offensichtlich eine real existierende Person darstellen.[3]

2.2 Das Urheberrecht

> *„Die Urheber von Werken der Literatur, Wissenschaft und Kunst genießen für ihre Werke Schutz nach Maßgabe dieses Gesetzes."*[4]

Während im Grundgesetz festgemacht ist, dass der Künstler oder Beteiligte an Verbreitung von Kunst geschützt werden, bekommt im Urheberrecht nicht nur der Urheber des Werkes sondern auch das Kunstwerk an sich Schutz durch eben dieses Gesetz.

> *„Zu den geschützten Werken der Literatur, Wissenschaft und Kunst gehören insbesondere:*
>
> *1. Sprachwerke*
>
> *2. Werke der Musik;*
>
> *3. Pantomimische Werke einschließlich der Werke der Tanzkunst;*
>
> *4. Werke der bildenden Künste*
>
> *5. Lichtbildwerke*
>
> *6. Filmwerke*
>
> *7. Darstellungen wissenschaftlicher oder technischer Art, wie Zeichnungen, Pläne, Karten, Skizzen, Tabellen und plastische Darstellungen."*[5]

---

[3] Fischer, Hermann Josef/ Reich, Steven A.: Der Künstler und sein Recht- Ein Handbuch für die Praxis: S. 5 f.
[4] Urheberrechtsgesetz (im Folgenden UrhG) §1 Allgemeines

Auch im Urheberrecht wird verständlich gemacht, dass Werke dieser Art nur geschützt sind, wenn sie persönliche, geistige Schöpfung sind.

> *„Der Urheber hat das Recht, eine Entstellung oder eine andere Beeinträchtigung seines Werkes zu verbieten, die geeignet ist, seine berechtigten geistigen oder persönlichen Interessen am Werk zu gefährden."*[6]

Wenn Werke unter das Recht des Urhebers fallen, hat auch der Urheber selbst zu entscheiden, wann eine Gefährdung seiner geistigen und persönlichen Interessen vorliegt. Wenn dies der Fall ist kann auch nur er diese Entstellung verbieten. Umgekehrt darf eine Bearbeitung des Werkes nur vorgenommen werden, wenn der Urheber damit einverstanden ist.

> *„Bearbeitungen oder andere Umgestaltungen des Werkes dürfen nur mit Einwilligung des Urhebers des bearbeiteten oder umgestalteten Werkes veröffentlicht oder verwertet werden."*[7]

Wenn der Urheber mit einer Entstellung des Werkes einverstanden ist, kann er dem anderen, der das Werk verändern möchte, gewisse Nutzungsrechte einräumen, die es ihm erlauben eben diese Veränderungen vorzunehmen. Der Urheber kann Raum, Zeit und Inhalt dieser Nutzungsrechte festlegen, das heißt er kann die Nutzung zeitlich, räumlich und inhaltlich festlegen und beschränken.

> *„Der Urheber kann einem anderen das Recht einräumen, das Werk auf einzelne oder alle Nutzungsarten zu nutzen (Nutzungsrecht). Das Nutzungsrecht kann als einfaches oder ausschließliches Recht sowie räumlich, zeitlich oder inhaltlich beschränkt eingeräumt werden."*[8]

Soweit im Testament des Urhebers nicht ausdrücklich etwas anderes steht ist das Urheberrecht vererblich. Der Erbe erhält automatisch die Rechte zum Todeszeitpunkt des ursprünglichen Urhebers.[9] Versuche ohne Einwilligung des Urhebers das Werk zu verändern sind strafbar. Verändert

---

[5] UrhG § 2 Geschützte Werke
[6] UrhG § 14 Entstellung des Werkes
[7] UrhG § 23 Bearbeitungen und Umgestaltungen
[8] UrhG § 31 Einräumung von Nutzungsrechten
[9] UrhG § 28 Vererbung des Urheberrechts

man ein Werk ohne Einwilligung des Urhebers, wird man mit einer Freiheitsstrafe bis zu drei Jahren oder einer Geldstrafe bestraft. [10] Zusammengefasst schützt das Urheberrecht den Urheber vor unerlaubter Entstellung seines Werkes durch andere. Er darf Veränderungen seines Werkes verbieten, kann jedoch auch anderen Nutzungsrechte für seine Werke einräumen. Außerdem ist das Urheberrech an einem Werk vererblich. Das Grundgesetz besagt, dass Kunst frei ist und durch keine weiteren Gesetze eingeschränkt wird außer in einigen wenigen Ausnahmen. Unter diesen Gesichtspunkten und Erkenntnissen müsste auch die Satire unter diese Richtlinien fallen. Doch weshalb wird die Satire nicht ohne Grund gerne als Mittel genutzt um eben nicht unter die Konsequenzen des Urheberrechts zu Fallen? Gibt es ein Schlupfloch für die Satire und die Parodie und wenn ja warum?

3. Satire und Parodie

„(1) Ein selbständiges Werk, das in freier Benutzung des Werkes eines anderen geschaffen worden ist, darf ohne Zustimmung des Urhebers des benutzten Werkes veröffentlicht und verwertet werden.

(2) Absatz 1 gilt nicht für die Benutzung eines Werkes der Musik, durch welche eine Melodie erkennbar dem Werk entnommen und einem neuen Werk zugrunde gelegt wird."[11]

Ein neues Werk, das ein altes Werk neu gestaltet oder frei benutzt und dabei nicht in den Geltungsbereich des Urhebers kommt und keine geistigen oder persönlichen Interessen des Urhebers verletzt, kann das alte Werk benutzen. Im Folgeschluss ist Parodie eine freie Benutzung des Werkes, da der Inhalt nicht verändert wird. Es werden zum Beispiel lediglich Details anders hervorgehoben. Die Satire ist nachdem erlaubt, wenn die Absicht besteht Elemente des Werkes komisch oder satirisch wirken zu lassen. Die Erkennbarkeit des genutzten Werkes muss gewollt sein. Gleichzeitig müssen die Charakteristika des genutzten Werkes in den Hintergrund treten, damit ein neues Werk entsteht.

---

[10] UrhG § 106 Unerlaubte Verwertung urheberrechtlich geschützter Werke
[11] UrhG § 24 Freie Benutzung

3.1 Ein Fallbeispiel: Der Gies-Adler

Der sogenannte Gies-Adler Fall ist ein Fall des Bundesgerichtshofs aus dem Jahre zweitausenddrei, der sich mit dem deutschen Bundesadler und dessen Satire auseinander gesetzt hat. Der Tatbestand lauter folgendermaßen:

> *„Die Klägerin ist die Verwertungsgesellschaft Bild-Kunst. Sie nimmt aufgrund eines Wahrnehmungsvertrags mit den Erben des Malers und Bildhauers Ludwig Gies die Rechte an der Adlerfigur – dem sogenannten Gies-Adler – wahr, die Gies 1953 geschaffen hat. Die Gips-Wiedergabe dieses Adlers hing von 1955 bis zu dessen Neubau an der Stirnseite des Plenarsaals des Deutschen Bundestags in Bonn. Die Beklagte gibt das Wochenmagazin „Focus" heraus. Sie veröffentlichte in Heft 13 des Jahres 1999 unter der Überschrift „Der ,unseriöse' Staat" einen Beitrag über einen angeblichen Missbrauch des Steuerrechts, das vom Gesetzgeber immer häufiger dazu benutzt werde, „hastig Haushaltslöcher zu stopfen". Diesem Artikel war die farbige Darstellung eines Bundesadlers vorangestellt. Die Klägerin nimmt die Beklagte deswegen auf Unterlassung in Anspruch. Sie hat die Ansicht vertreten, dass der Gies-Adler ungeachtet seiner Verwendung als Hoheitszeichen urheberrechtlich geschützt sei und seine Wiedergabe im „Focus" eine unfreie Bearbeitung darstelle. Die auf die Erben übergegangenen Nutzungsrechte des Künstlers bestünden trotz der Verwendung des Adlers im Plenarsaal des Deutschen Bundestages fort."[12]*

Für die Klägerin und somit pro Urheberrechtsgesetz ist, dass der Focus-Adler zwar etwas weniger rundlich wirkte und eine deutlich abweichende Färbung aufwies, er jedoch fast alle wesentlichen Züge des Gies-Adlers übernommen hatte. Somit hätte der Focus gegen das Urheberrecht verstoßen. Kontra Urhebergesetz Für den „Focus" ist zum anderen das hier greifende Grundrecht der Pressefreiheit. Das Urteil fiel schlussendlich zu Gunsten des Beklagten, dem Focus, aus. Da es sich bei dem Gies-Adler nicht um ein Kunstwerk eines privaten Schöpfers handelt, sondern

---

[12] Anklageschrift: Bundesgerichtshof 2003

um ein Symbol der Bundesrepublik Deutschland, darf der Adler auch in einer unfreien Bearbeitung verwendet werden um zum Beispiel den Staat symbolisch darzustellen. Der Bundesgerichtshof beruft sich hierbei auf das Grundgesetz:

> *„Jeder hat das Recht, seine Meinung in Wort, Schrift und Bild frei zu äußern und zu verbreiten und sich aus allgemein zugänglichen Quellen ungehindert zu unterrichten. Die Pressefreiheit und die Freiheit der Berichterstattung durch Rundfunk und Film werden gewährleistet. Eine Zensur findet nicht statt."*[13]

4. Fazit und Problemstellung

Mein persönliches Fazit, welches besonders im vorangegangenen Fall deutlich wird, ist, dass Satire Kunst sein kann. Satire und Parodien sind urheberrechtlich erlaubt, solange das Werk in freier Benutzung wiedergegeben wird und die Absicht einer Satire oder Parodie dahinter steht. Nicht jede Satire ist jedoch Kunst, sondern fällt meistens unter Meinungsäußerungen, die durch die Meinungsfreiheit geschützt werden oder unter die Pressefreiheit. Allgemein erscheint der Bereich für Satirewerke und Parodien offen und großzügig, weshalb es auch recht wenige Urteile in Hinsicht der bildenden Kunst gibt. Weshalb gibt es so wenige Urteile und Fälle in der bildenden Kunst? Es erscheint erstaunlich, weshalb es bis auf ein paar Referenzfälle wie der Gies-Alder oder die Mohammed Karikaturen, kaum Fälle im Bereich der Satire und Entstellung von Kunstwerken gibt. Eine Möglichkeit ist, dass das Bewegungsfeld der Satire für Künstler so groß ist, dass so gut wie alles erlaubt scheint. Eine andere Möglichkeit wäre, dass sich der Aktionsbereich der Satire und deren Künstler verändert haben. Druckte man zu Zeiten der französischen Revolution Satirebilder auf Flyer auf denen meistens sogar noch der Name des Autors oder des Künstlers standen oder Wilhelm Busch ganz bewusst seine Satire Zeichnungen veröffentlichte erscheint es heute so, dass die Autoren von Satire nicht mehr öffentlich gemacht werden und Satire in einem Umfeld stattfindet, dass unpersönlicher nicht sein kann,

---

[13] Grundgesetz Artikel 5, Absatz 1

9

nämlich im Raum des Internets. So gut wie jeder könnte mit Hilfe eines Bildbearbeitungsprogrammes Kunstwerke oder Fotos verändern und veröffentlichen. Es gibt Seiten im Internet, die sich genau auf diese Bilder spezialisiert haben. Eine weitere Möglichkeit ist, bearbeitete Fotos oder Kunstwerke auf große Papierrollen zu drucken und an Hauswände zu kleben. Diese könnten rein theoretisch jederzeit wieder entfernt werden. Ein englischer Künstler Namens Banksy, dessen reale Identität nicht bekannt ist, erreichte damit hohe Popularität. Auch deutsche Künstlergruppen wie „der vorsichtige Vandalismus" versuchen durch Veränderung des Straßenbildes, auf politische und gesellschaftskritische Themen durch Satire auf sich aufmerksam zu machen. Meistens handelt es sich hier um Motive, die das öffentliche Interesse erwecken und somit nicht in den Bereich des Rechts am eigenen Bild fallen könnten. Auch hier würde es, falls es zu einer gerichtlichen Auseinandersetzung kommen würde, wahrscheinlich für den Beklagten ausfallen, da die Meinungsfreiheit greifen würde.

Eben diese Problemzonen wie das Internet oder das Bekleben von Wänden in einem anonymen Umfeld erweitern den Bereich der Satire um ein vielfaches. Doch würde man eine Verschärfung der Richtlinien im zum Beispiel Urhebergesetz wirklich wollen? Meiner Meinung nach nicht, denn seine Meinung in Form von Satire äußern erweckt bei vielen Leuten eine größere Aufmerksamkeit und ein größeres Interesse als zum Beispiel ein Beschwerdebrief oder Petitionen. Eine gut gemachte Satire ist zumal auch viel angenehmer für die Satirevorlage und man wird vielleicht auf eine nettere Art und Weise auf ein Problem aufmerksam gemacht.

Literaturverzeichnis

Fischer, Hermann Josef/ Reich, Steven A.: Der Künstler und sein Recht- Ein Handbuch für die Praxis, 2. Auflage, München 2007

Zudem verwendete ich das Grundgesetz und das Urheberrecht, so wie das Urteil des Bundesgerichtshofs im Fall Gies- Adler vom 20. März 2003 (I ZR 117/00)